Veinte poemas para Jesús, y odas sagradas

Veinte Poemas para Jesús y Odas sagradas.
Carlos Pachito Alvarado
Teléfono: +41 775 053 098
email: crpa777@gmail.com
Derechos de autor: No. Registro 2301033025984
Safe creative ©. Todos los derechos reservados, Enero 2023
Editado en Madrid -España
ISBN: 9798387166648
Maquetación, diseño y producción
© 2022 Carlos Pachito Alvarado

Veinte poemas para Jesús, y odas sagradas

Carlos Pachito Alvarado

¡A mi amado Jesús!

La poesía es una forma de amar, la experiencia cotidiana que nos abraza con fuerza cada día.

Yo escribo este libro, y sigo escribiendo sobre las huellas que dejan los vacíos profundos de mi alma. Como dije en un verso, nadie nace poeta, porque poetas somos todos. Aquellos que amamos la vida en todas sus formas; en la dimensión que tiene el mar y que nos sumerge cada día en la pasión más bella de la vida, quiero decir: ¡luchar! luchar por la utopía de que la justicia nazca en el alma. Que ella nos cubra, nos embriague de todos los efectos que ella diseña generosa.

El mundo en que vivimos es un paraíso inacabado en el espíritu humano; él derrama su llanto, esperando que una mano compasiva se detenga, y lo riegue del roció benigno y de la sagrada voluntad del hombre. El mundo tiene hambre, esa hambre perpetua que aún no se ha saciado, por la horrenda oscuridad que nos cubre, y a su vez nos deposita en los más infames sufrimientos.

Este modesto recital de mi alma quiere contribuir a dejar una huella de esperanza en el que lee y, empieza a construir su pequeña utopía, que tal vez lo libere de aquella enfermedad que nuestra arrogancia llama libertad.

Carlos Pachito Alvarado

Erlen, Invierno, 2023

Veinte poemas para Jesús.

No temas (Isaías 41) 1

Un día de invierno,
cuando el sol se halla apagado;
cuando la soledad te cubra
con el oscuro manto
de la amargura;
cuando la vida calle,
y cesen los destellos
de la Luna,
y el temor de la noche
te acompañe;
"No temas, yo estoy contigo";
"! no desmayes!
he aquí yo soy tu Dios."
Cuando el amor de un día,
Haya partido,
y huyan las estrellas
del oscuro infinito;
no tengas miedo,
solo toca mi puerta.

"Siempre estaré contigo,
nunca te dejaré,
Jamás te abandonaré"; (Isaías 41:10)
Yo sostendré tu pie,
que no tropiece en la piedra." (Salmo 91)
Mi mano y mi callado
Te infundirán aliento".
Yo seré en ti
 el bálsamo,
que desciende del cielo,
y que lleva el aroma,
de los sueños más bellos.

Erlen, verano 2019

Moisés. 2

Moisés,
hijo de las aguas;
de aguas profundas,
en una canasta.

El mar no te anegó,
ni las olas triunfaron;
ángeles guardaban
al niño,
en el tierno remanso.

La ternura sagrada
de la madre,
fabricó una canasta;
para salvar al niño,
perdido entre las aguas.

Calafateada en brea,
arrojado en el vientre
inmenso del océano.
La madre lo contempla,
con el alma partida,
partida en mil pedazos.
Lagrimas que son sangre,
y sangre que es la vida,
derramada en el llanto.

El fruto del amor
más delicado;
el pétalo sagrado,
herencia de Dios,
se pierde
entre las aguas,
Inmensas del océano.

Es el niño
que viaja sin saberlo,
por el raudal inmenso
de las aguas del mundo;
de un mundo inacabado.

De lejos la doncella,
divisa al tierno infante;
la canasta sagrada,
de la vida que nace.

Y lo toma en sus brazos,
y lo llena de amor,
en su tierno regazo.
El niño toma forma
de columna labrada;
de copa rebosando
de justicia en el alma.

Una tarde de otoño,
con crepúsculo manso,
sereno y delicado,
¡Dios lo llama!
Lo llama desde el monte,
a liberar su pueblo,
de la prisión profana,
que sepulta los sueños.

Moisés, salvado de las aguas;
en el monte sagrado,
recibe la Palabra;
los diez mandamientos,
esculpidos en tablas;
y que van destilando,
en el destino humano,
la salvación del alma.

Y Dios desde los cielos
derrama de su Gracia,
la Gracia hecha una cruz
que santifica el alma.

Invierno 2021, Erlen

El sermón del monte. 3

Jesús se ha detenido,
con la pausa del viento,
y mira en derredor
la multitud sufriente.

En la montaña santa,
se construye el misterio,
de la vida que pasa,
presurosa y doliente.

Jesús abre su alma
y enseña la palabra;
el discurso más bello,
hecho pan y esperanza.

¡Es Dios entre los hombres,
quien habla!
Felices sois los pobres,
los pobres en el alma,
de este mundo profano,
que crece y se desangra.

Felices los hambrientos
de todas las justicias,
invisibles en mares
de infortunios humanos,
y esperanzas perdidas.

Felices sois vosotros,
los que buscáis la paz,
como remanso tierno
y, que nace en el alma,
como un hermoso verso.

Feliz es todo hombre
que anhela la justicia,
pues con ella construye
el reino de la vida.

Felices los que lloran,
que lloran en silencio,
por todos los dolores
que viajan con sus ruegos.

Felices los que viven
de acuerdo a lo que piensan;
que, con su sacrificio,
construyendo quimeras,
abren surcos sagrados,
en medio de miserias.

Erlen, invierno 2021

Naín. 4

Era una viuda pobre,
que camina sufriente;
con la muerte en sus brazos,
y la esperanza ausente.

El oscuro horizonte,
la mira desde lejos,
en mil interrogantes,
viajando en el misterio.

La viuda de Naín
llora a su hijo,
(el único nacido
del vientre florecido).

Lánguida, tenue, inerte;
el fruto de su vida,
reposa en el sepulcro.
La viuda de Naín
desgarrada y sangrante,
recoge como vaso
las gotas del roció,
roció de dolor
que la visita;
para golpear su alma
y deshacer su vida.

Un hombre en el camino,
con rostro iluminado,
la mira en el escarnio,
de las voces que gritan,
que acompañan el llanto,
el llanto de la madre,
y que gimen
al paso del cadáver.

El hombre, el forastero,
profeta o peregrino;
también gime en su alma.
Es parte del dolor,
del dolor florecido,
que visita a los hombres,
y desangra el destino.

Jesús, el forastero
que camina en silencio;
que viene de los cielos,
para salvar al hombre.
Se posa entre el dolor
de los que sufren,
y extendiendo sus manos
declara su palabra,
fecunda como el alba:
¡No llores hija mía!
Tu hijo no está muerto,
Yo soy verdad, camino y vida;
soy salvador, vengo del cielo.

Tocando con sus manos
el cadáver, ¡este vive!,
Y levantándose al fin,
lo dio a la madre.

He venido a buscar lo perdido,
he venido a vencer a la muerte.
El que a mi viene tiene vida,
aquel que me rechaza
se pierde para siempre.

Enero 2021, Erlen

Al pie del calvario. 5

Cuatro mujeres lloraban
Junto al horrendo calvario,
cuatro almas en agonía
miran al crucificado.

Jesús en la cruz yacía,
sangrando por el costado;
es el cordero inmolado,
el que compra con su sangre
al perdido y al esclavo.

Su cuerpo lleno de afrenta,
es un cuerpo atormentado;
tengo sed, clama el Dios vivo,
en un lamento sagrado.

Una sed de redención
del hombre, ser extraviado;
de la senda del amor,
del perdón en el pecado.

Un hisopo de vinagre,
dieron a Cristo a beber;
y el maestro en agonía
clama al cielo:
¡Consumado es!

Cuatro mujeres lloraban,
junto al pie del condenado,
cuatro almas recogían,
el dolor en el calvario.

Verano 2021, Erlen

Deuteronomio 34:4 -6

Señor yo quiero entrar
Y poseer la tierra;
no solo quiero ver con mis ojos,
lo bello de tu herencia.
Colmada de vides, de frutos,
de valles florecientes.
Yo quiero pasar, descansar en ella.
La tierra de Dios y de sus promesas;
es tierra de miel y de leche fresca.
Es la del Jordán, el mar, los olivos,
Betania, Palestina, montañas y cuestas.
Señor yo quiero estar contigo,
en la tierra nueva,
¡De la que habla Cristo, el dulce profeta!
El Dios hecho carne, palabra y belleza,
que nace en las almas humildes y tiernas.
Yo quiero adorarte con labios que ruegan,
en noches profundas y en albas serenas.

Regar con mis ojos la frágil presencia,
del niño hecho gracia,
de la madre enferma.
De hombres que viajan,
con dolor a cuestas
y riegan su alma,
en cada quimera.

La samaritana. 7

La hora de la sed del alma,
 visitaba su vida.
El instante de todos los vacíos,
de desiertos inmensos,
cuando los rayos funestos,
amenazan la existencia.

Llegó rendido el maestro,
el profeta peregrino,
a saciar en una fuente,
la sed del alma que viaja,
escondida en los abismos.

Y llegó de entre las sombras,
una mujer angustiada,
en los afanes y sueños,
de la vida hecha esperanza.

La mujer samaritana,
encontrose en el camino,
con un hombre muy cansado,
el profeta peregrino.

"Dame agua de tus manos,
agua fresca de la fuente,
que traspasa los misterios
de la sed y de la muerte".

Señor, no podemos acercarnos;
yo soy mujer extranjera.
no me pidas de beber,
de la fuente de agua fresca.

Si supieras que en mi alma
tengo el agua que deseas;
esa fuente inagotable
que sacia y llena de vida.

Si supieras que, en el hombre,
hay una sed de agonía,
que seca todos los sueños,
que mata y ciega la vida.

Si conocieras el don
que desciende desde el cielo,
bañado en Bálsamo sacro,
como Roció perpetuo;
detuvieras tu camino,
y construyendo en tus labios,
una súplica o un ruego,
pedirías de la fuente
una gota de esa agua,
que riega el alma sufriente,
abrazándola infinita,
con el amor puro y tierno.

Yo soy el agua de vida.
que tu alma necesita.
Ve y llama a aquel que te ama,
y ven a beber del agua.

Señor no tengo marido,
soy un corazón perdido,
mancillado por la fuerza,
de la palabra profana;
de los vicios, la codicia,
del ultraje de las almas.

Mujer, ha llegado la hora,
en que todos los mortales,
vendrán a buscar a Dios,
depositando sus almas
testigo de sus pesares.

Mujer, no te detengas
Ven y bebe el agua fresca,
que se riega desde el cielo
y sacia la sed eterna.

Junio, 2020 Kreuzlingen

La viuda de Naín. *8*

Llevaba entre los brazos
el cadáver del hijo;
el fruto de su amor
del sueño florecido.
Su hijo, el hijo único,
había partido,
en el sueño profundo
de todos los destinos.
La viuda de Naín,
lloraba a cuestas,
hablaba con su alma
en agonía.
¿Por qué te fuistes lejos
hijo mío?
Enlutando mi vida
en tu recuerdo.

A lo lejos,
se acerca un forastero,
caminando cansado
en sus denuedos.
Se acerca y contemplando
la agonía de la madre,
herida por la muerte,
exclama de repente:
¡No llores hija mía!
Yo vengo a consolarte.
Conozco tu dolor
en esta oscura tarde.
Conozco los confines
de la vida,
y también el misterio
de la muerte.
Del sueño sempiterno,
de los mortales,
de las almas que viajan,
en el carruaje,
en el carruaje oscuro
de inmensos mares.

La voz del forastero,
riega como el roció,
el alma de la madre,
enlutada de muerte,
en medio de la tarde.
¡Tu hijo no está muerto!
Solo duerme;
él duerme con el sueño,
de todos los mortales.
Jesús el forastero,
el amado profeta;
el Dios hecho materia,
en medio nuestro.
con su voz suave y tierna,
acaricia su frente,
y clamando a los cielos,
habla al joven:
¡Levántate, hijo mío
de tu lecho!
Yo vengo a despertarte
de tu sueño.

He venido a dar vida
a aquel que muere,
Yo vengo a rescatar
al que se pierde.
El joven despertó
de su sepulcro,
y la madre,
la viuda de Naín,
en gratitud profunda,
adorando al maestro
le servía.

Friburg, junio 19 -2019

No me toques 9

¡María, no toques mi cuerpo!
Debo ir al Padre,
y padre de ellos.
Dile a mis hermanos,
que subo hasta el cielo;
y vengo muy pronto,
que estaré con ellos.

María, quisiera contarte,
todos los misterios,
que son revelados,
a los que creyeron.

Sepulcros abiertos,
y juicios eternos,
por los que no creen,
y los que creyeron.

Del cielo y la tierra
creados de nuevo,
con forma sagrada
en forma de verso.

Vé y dile a los míos,
que yo no estoy muerto;
bajo este sepulcro,
profundo y desierto.

Cuéntales que has visto,
al Dios y maestro,
y lleva en tus manos
el bálsamo fresco.

Erlen, Junio 2021

¡Tengo sed! 10

¡Tengo sed, tengo sed!
Clama el maestro,
colgado de la cruz
en agonía.

¡Tengo sed, tengo sed!
Jesús exclama,
de la justicia humana
que no nace en el alma.

¡Tengo sed, tengo sed!
Dice el crucificado,
el Cristo redentor
de los humanos.

¡Tengo sed, tengo sed!
Jesús suplica
de que muera en el hombre
la codicia.

Tengo sed de mirar,
en el rostro doliente
del que sufre,
el florecer los sueños
que se pierden.

Tengo sed del amor
que no perece,
en el oprobio inerte
de la muerte.

Tengo sed de mirar
en agonía
el interés sombrío
y la codicia.
Que sepulta en la tumba
el sacrificio,
y se yergue rendido
en los abismos.

Jesús sigue gritando:
¡Tengo sed amados míos!
de mirar en el hombre
el amor santo,
como fruto sagrado
que se siembra con llanto;
y luego se recoge al nuevo día,
cual fruto codiciado.

30.09. 2021

¡Yo soy Luz! 11

El mundo tiene afanes,
 dolores profundos;
que engañan a los hombres
en su diario destino.

El mundo tiene puertas
dantescas, tenebrosas,
donde jamás la luz
llegó a ser invitada.

Morir en el pecado,
sentencia amarga,
para el que vive
sin esperanza.

Sin luz, sin paz
sin camino, sin gracia.
¡Creed en mí!
dice el Maestro;
yo soy luz de este mundo,
que niegan los hombres,
con el verbo oscuro.

Yo soy la fuente
que sacia el alma cansada:
El agua de vida,
convertida en Gracia.

Salid de las sombras,
venid a las aguas,
llenad vuestras almas,
de fe y esperanza.

Mi nombre es Jesús,
Humilde carpintero;
mi nombre, Emanuel,
Dios en medio vuestro.

Erlen, septiembre 2021

¡Yo soy! 12
S. Juan 14,6

Yo soy el camino,
 la verdad, y la vida.

Yo soy el sendero,
de luz que aparece,
en el horizonte
oscuro y presente.
Soy el centinela
que guarda tus pasos,
mientras por el mundo
viajas sin descanso.

Yo soy la verdad,
que baña las almas,
de fresco roció
en cada mañana.

Yo vengo del cielo,
para consolarte,
y darte la vida,
que el mundo asesina,
en mil holocaustos
cubiertos de saña.

Te llevo esculpido
dentro de mi alma;
conozco tu nombre,
te hablo cada noche;
 y mientras caminas
entre nubarrones,
te llevo en mis manos,
y lleno tu alma
de mil bendiciones.

Vengan los cansados,
enfermos dolientes,
beban de las aguas,
de vida
que brotan
limpias de la fuente.

Vengan lo que sufren,
sed y hambre perpetua
yo soy ese pan
que el alma alimenta.

Marzo 2021, Erlen

El calvario. *13*

El calvario, el Gólgota,
lugar de los muertos, la calavera.
¿Qué es un calvario?
Una cárcel oscura y pestilente,
que guarda en su interior
el olor de la muerte.
Un calvario es el desierto,
es el mediterráneo
que traga a los que huyen,
 los que huyen del hambre.
¿Qué es un calvario?
Es el designio humano
esculpido en miseria,
como herencia perpetua
de aquel que tiene hambre.
Jesús fue caminando
llevando en sus espaldas,
la cruz de los mortales.

El calvario de Cristo
está en la calle,
tiene formas diversas
y caminos sangrantes,
Tiene forma de niño
que muere cuando nace.
Se viste de violencia
que visita los campos
y pueblos miserables.
La cruz de Jesucristo
sigue manando sangre;
dolor, agonía, muerte;
nos habla el Dios viviente,
que ama a los mortales.
La cruz del nazareno,
levantase en la tierra,
cual sol que resplandece
bañando con su luz
el alma inerte.

El hombre no despierta
del perpetuo letargo,
anclado como nave
en el océano;
el hombre vive solo
mientras muere;
olvidado del bien
al cual el ama.
Perdido entre las sombras
de la noche,
el calvario de Cristo
se levanta;
como madre que gime
entre las sombras,
mientras su hijo pierde el norte,
a cada paso
y las lágrimas ruedan
gota a gota.

El calvario de Cristo
se revela, en cada sombra,
que viaja estacionada
en sueños e ilusiones
que nacen profanadas,
en el altar sagrado de la vida.
Destruid el calvario, la agonía,
 el dolor en el hombre
que agoniza.
Construid en el hombre una sonrisa,
desprendida del alma del que llora.

Guayaquil, abril 2020

A Mi buen Jesús. 14

Quiero pedirte que aceptes mi oración
en esta noche;
ella está guardada desde mucho tiempo,
como bálsamo en vaso,
cristalino y fragante.

Mi oración es bañada de deseos y lágrimas;
de sueños, sufrimientos escondidos en mi
alma.

Mi Señor, siento que estas presenten en todas
partes;
en el rocío que se pierde en el inmenso océano;
en el aire que viaja lejos y penetra en el
hombre,
dando vida y aliento.

Mi buen Jesús, quiero abrazar tus pies
en la fría noche y, en ellos descansar mi frente.

Respóndeme, mi Dios, no quites de mí tu
rostro.

Aunque no lo merezco me has amado;
aunque muerto en la tumba,
has venido a buscarme;
cual Lázaro en Betania, o como el joven de
Naín;
has venido por mí a darme vida.

Sanastes mis heridas más profundas;
aquellas que la vida construye, en el taller
inmenso del pecado;
gracias por venir a mi puerta
Jesús...... el Nazareno!
Cuando todos se habían marchado
tu rostro iluminado me enseñó a sonreír,
y a conocer la paz, el gozo del alma;
la belleza del ser que llevo dentro,
y que hoy se desnuda como el alba.

Muchas gracias, mi Jesús...

¡A mi amado Jesús! 15

A mi Jesús,
se lo han llevado lejos;
donde no podemos buscarlo.

Han hecho de su nombre
un moderno mercado;
en donde el hombre compra
su ilusión momentánea.

No está en el corazón
de los humanos… !
Donde quiso morar.
No se encuentra en las calles,
en los textos;
en el alma cansada,
¡No está!

Dónde se lo llevaron
¿A mi tierno Jesús?
Yo quiero encontrarlo
en cualquier lugar;
en la risa del niño,
cuando juega;
en el dolor de madre,
cuando llora;
en la nostalgia tierna del joven
cuando ama.

Yo quiero ver a Cristo,
cual bello misterio iluminado.

Yo quiero llevarlo
donde no haga frio,
donde no tenga hambre.
Yo quiero guardarlo,
en lo más sagrado
de mi corazón.

Tafers, invierno 2015

¿Dónde está mi Señor? 16

Dónde está mi Señor,
dónde se lo llevaron?
El cuerpo de Jesús
inerte y frio,
yacía en una cruz ensangrentado;
vestido en mil afrentas
y vergüenzas,
Jesús está desnudo,
expuesto a todo escarnio,
en el cielo y la tierra.
Antes del sacrificio,
clamó en Getsemaní:
"Padre mío, si es tu voluntad
pase esta copa;
si puedes tu librarme
de este cruento calvario,
de sangre y de dolor
que el hombre ha preparado;
para cubrir de afrenta
al Salvador,
aquel que has enviado.

Padre no dejes que yo beba,
esta copa de sangre;
que mi alma ya abatida,
agonice en la tarde,
y estando, agonizando
no pueda yo alabarte.

Padre mío,
tu voluntad sagrada,
es mostrar a los hombres,
que solo en el calvario
de agonía y vergüenza,
se encuentra aquella luz
que el alma necesita.
Padre, no dejes que mi cuerpo
de hombre atribulado
perezca triturado,
por los odios humanos.

Padre mío,
deja que mi alma
se llene
de tu Espíritu Santo;
Y que en mí
en obediencia,
tu voluntad se cumpla.

Fribourg 26.01.2018

¡Gracias Señor! (A Jesús) 17

No quiero entregarte una palabra común de gratitud;

deseo estar convencido, de que todas las cosas que ocurren en mi vida no son posibles sin ti. ¿Que dónde estás?, No me importa! ¡Solo sé que estas cerca! Si no te veo, no me preocupa; seguro estoy que muchas veces, has pasado delante de mí, y no te hice caso; fue poco importante tu hermoso rostro. ¡¡Pero gracias, gracias por ser como eres... Dios y Padre!! Un amor que se pronuncia, sin apenas escucharlo; pero llena e invade la profundidad del alma. Gracias por ser invisible, "por ser una idea, por no tener forma"; seguro estoy que estas aquí, en lo más inadvertido. ¡Gracias porque me hablaron de ti...! ¡¡¡Gracias Jesús!!!

Tafers, CH. -Mayo. -2016

Poema para Dios. 18

Quiero decirte un poema
de parte de Dios;
una palabra que es vida;
una oración, una súplica;
el canto hecho plegaria,
con la voz trémula.

Caminaban sin rumbo,
por aceras vacías;
a cuestas el dolor,
cual mudo vigilante
los asedia;
lo llama por su nombre:
peregrino, caminante!
niño, mujer sin destino,
no lloréis vuestra desgracia,
uno venció en el calvario;
levantóse cual radiante amanecer;
el aura cubre.

Te ha llamado en tu desdicha,
y hoy se inclina a consolarte;
Hijo, hija..., hombre de tierra;
creación mía;
tu dolor lo percibo
en mil maneras.
Llegaste a mi presencia,
no estás solo!!
Mi palabra te alumbra,
mi Espíritu es tu fuerza.

De cierto yo te digo,
que aun derramo gracia;
abre tu corazón,
llénate de esperanza;
camina con tu nombre;
con tu nombre impreso
en páginas sagradas.

¡Hijo, hija......!
no importa tu condena;
 condena con la cual
el mundo bautiza
a los que nacen;
he venido por ti,
ha llenarte de vida;
a vestirte de luz;
a saciar de agua fresca,
tu angustia sin respuesta;
tu esperanza perdida,
en la oscura vergüenza.
¡¡Yo soy el que soy!!
No te juzgo;
No escarbo en tu pasado,
Para mi eres presente,
presente que yo amo.
Llevo aun en mis manos
tus heridas, (Isaías 53:4)
El dolor de tu angustia,
en mi cuerpo rasgado.

Yo soy el del calvario,
ven a mí que yo te amo.

Málaga, Julio 2003

¡Poema para Jesús! 19

Dios es una frase bella,
Es el tierno canto de mi madre,
Su mensaje el genuino norte;
Del alma cansada, de cuerpos heridos.
¿Dónde estás Dios?
Te veo tan cerca y distante;
Como cuando sufres
En quien tiene hambre,
O en la esperanza de tu fiel mensaje.
Al fin estas aquí,
En el rostro humano
Que ignora su derecho.
En el débil, en el niño;
En las lágrimas de madre.
Yo te llamo en mis palabras
Con frases cansadas,
Con ósculo santo.

Ginebra, marzo 2010

San Juan 3 -20

Es la historia del hombre
que buscando la vida
llega rendido a Cristo,
en la noche profunda.

Y la noche profana,
lo descubre desnudo;
en inmensos vacíos,
cubiertos entre sombras.
De misterios,
de la vida viajera e
invisible,
entre sabiduría e ignorancia.
Nicodemo se llama aquel
rabino,
que viene por la noche
presuroso,
a levantar el velo
de la Gracia.

Maestro, yo sé que eres la luz
de todos los misterios.
Tu vienes desde el cielo,
a mostrar el camino,
perdido por el hombre
en su oscuro silencio.
Enséñame a creer,
en aquellas verdades,
que nacieron ocultas
a mi mente.
Enséñame a mirar
a través de las sombras,
los parajes inciertos
que se pierden.
Yo quiero ver la luz
resucitada,
en el valor supremo
de los hombres.

Yo deseo conocerte,
y trasladarme en ti
al espacio sublime,
de los que viven;
de aquellos que no mueren
en la ignorancia.
¡Nicodemo, yo quiero hablar
contigo
en coloquio sagrado!
Yo quiero descubrirte los misterios,
que los hombres ignoran,
guardados en los cielos.
¡Nicodemo, necesitas nacer de nuevo
entre los hombres!
Y brillar como luz emancipada
de las sombras.
¡Señor, no entiendo tu mensaje!
Mi mente no asimila
tus sagradas palabras.
yo no puedo nacer en un mundo
profano;

Que le roba a la vida
aquello que has creado.
Nicodemo, necesitas nacer
"del agua y del espíritu",
para encontrar la vida,
la vida que has perdido.
Todos los hombres nacen
de una madre,
y marchitan su vida
mientras nacen.
Si tu alma anhela
el vestido sagrado,
de lino limpio y santo;
debes nacer de nuevo
en el Espíritu,
y vestirse de Gracia,
 y sacrificio.

Erlen, invierno 2022

Odas sagradas

Por los muertos de la cárcel.

¿Dónde está mi hijo?»
La madre suplica,
con voz de agonía,
y el alma partida.

Ayer yo lo vi,
por última vez,
cuando moría la tarde,
en el oscuro ocaso
de una noche fría.

¿Dónde está hoy?
¡Ruego me declare!
¡Deme una respuesta.
que no sea tarde!

Hoy es muy temprano,
y el alba despierta,
a seres heridos
y almas prisioneras.

Escuché las aves,
árboles y vientos,
que enlutan la tierra
y lloran sus muertos.

Prisiones oscuras,
llenas de violencia,
laberinto humano
de almas sedientas.

Donde están mis hijos
perdidos en la noche?
Reclama la tierra,
Y gime el dolor,
Y lloran los hombres.

La noche sombría,
se llena de odios,
pasiones sin fruto
que engendran violencia.

Y la madre anciana
con su alma sedienta,
ruega en mil plegarias:
demen su cadáver,
yo quiero besarlo,
por última vez,
decirle que lo amo!
E ir a la tumba,
después de llorarlo,
en llanto sagrado
de una madre anciana,
de ojos enlutados.

1 octubre 2021
Después de la masacre del 27 Sept. en la prisión de Guayaquil- Ecuador

El hambre.

El hambre.
¿dónde nace?
El hambre nace
en la mente insaciable,
de quien tiene el poder,
del que mata la vida,
cuando la vida nace.

Que sepulta las ansias
de todas las pasiones,
en la bóveda oscura
de la muerte.

El hambre es la sombra
itinerante,
del que viaja en silencio
en un intenso viaje.
Ella tiene sus formas
y siluetas:
desiertos, esqueletos,
y cabezas deformes.

El hambre se traslada
en el fusil que mata,
en las bombas lanzadas
por manos criminales.

Ella tiene un espacio
en cada norte,
en el mundo que pueblan
los mortales.

Despojo de los hombres
del débil por el fuerte;
terror en las aldeas
y en los campos inertes.

El hambre es compañera
de niños indefensos;
de mujeres sin letra,
de hombres sin derechos.

¿En dónde está su reino?
el trono que la ensalza?
Creo, en algún infierno,
huérfano de piedad,
de amor, de gracia.

El hambre es el legado,
de la vil injusticia,
que se ensaña en el débil,
y le roba la vida.
Se fabrica en cerebros
frutos de la abundancia,
y luego se recrea
con desprecio y con saña.

Tú puedes destruirla
sin violencia;
con un grano de amor
entre tu alma.
Tú puedes traspasar
sus límites perdidos,
en el fango profundo
del despojo;
tú puedes destruirla
con un gesto sagrado,
el que escapa del hombre
al compartir su pan
con el ser olvidado.

Marzo 2020 /Guayaquil

La pobreza 2

Es un lenguaje obsceno
que construyen los hombres.
Paredes de cartón,
un refugio con hambre.
Es la vil apariencia,
del verbo hecho plegaria.
La pobreza es el mar
que ahoga las palabras,
y sepulta los gritos;
los sueños, la esperanza.
La pobreza es un mundo creado
por los hombres,
para herir en silencio,
el derecho del pobre.
Un pobre es como el viento,
un alma que se pierde,
en parajes oscuros
y suplicas inertes.

Se construye en el alma
y en cerebros deformes,
de mentes que mancillan
el derecho del hombre.

30.10.2022 Suiza

¿Qué es la Navidad?

¿Qué es la Navidad?
Claman los hombres,
en medio del esfuerzo
cotidiano.
El silencio responde
entre las almas,
y habla sin palabras
en un eco lejano.

¿Qué es la Navidad?
clama la madre.
Y la voz de su llanto
le responde:
Es el dolor profundo
que tu sientes,
cuando el mundo
te arranca envilecido,
la vida y la esperanza
del (hijo) a quien tus amas.

¿Qué es la Navidad?
Hablan los labios,
los labios sonrojados
de la mujer que ama.
Las nubes presurosas
hablan,
e inundan del roció,
la delicada rosa.

¿Qué es la navidad?
Hablan las almas,
las almas enlutadas
de los hombres,
que carecen de pan
y de esperanza.
Su vida un sacrificio
de la pobreza.

¿Qué es la Navidad?
Sueña la niña,
que viaja en el carruaje
del amor,
que asoma ante la vida.
La flor con su perfume,
sabe a beso,
y el beso se eterniza
en su mirada.

La Navidad es la vida
entre nosotros;
es Dios hecho
milagro y profecía.
Es el canto
de ángeles que claman
en el cielo y la tierra;
es la luz que ha nacido,
en cada vida.

La Navidad
es el rostro
del que sufre;
de los cuerpos cansados
en mil fragores.
De niños indefensos
que se pierden,
en el inmenso vientre
de la muerte.

Jesús viene a la tierra
en humilde pesebre;
Y riega con su luz
el alma que se muere.

Jesús viene a buscarte
en el camino,
para encontrarte al fin,
y cambiar tu destino.

Erlen, diciembre 25 – 2021
En casa al escuchar las campanas.

"Porque raíz de todos los males, es el amor al dinero"

1 Timoteo 6:10

El que ama el dinero,
abre las puertas profundas
de todos los males;
recoge en el cáliz amargo
de la avaricia,
los frutos desdichados
de la codicia.
"Raíz de todos los males
es el amor al dinero" (1 Timoteo 6:10)
La muerte lo acompaña
a cada paso,
y el ilusorio sueño
de la abundancia,
penetra agazapado
como adarga profana.

Quien el dinero codicia,
se funde en la tragedia
disimulada,
de aquellos que perecen
entre llamas;
las llamas del dolor,
de tener todo,
y despertar muriendo
sin tener nada.
"No sacaran fruto", dice el profeta.
El dinero es un dios,
que destruye los sueños
cuando nacen;
que asesina en silencio
a quien lo tiene.
El amor al dinero,
engaña al hombre,
cubriendo de apariencia
y de ilusiones;
la nave en la que viaja
sin destino y sin norte.

A Ucrania

"Si no cierran los cielos, nos mataran lentamente"

Presidente de Ucrania Volodomir Zelensky

Cierren los cielos, mueren los niños en la tierra.
Cierren los cielos, la paz explota en mil maneras.
Cierren los cielos, claman los hombres que
agonizan,
Por balas y cañones
Fruto perverso del odio entre los hombres.

Cierren los cielos, el eco de la voz
Se hace plegaria;
Y arranca una lagrima guardada,
De la madre que a su hijo deposita,
En el altar sagrado de la patria.

Cierren los cielos, Dios clama horrorizado,
No puedo ver el cruento sacrificio,
Del hombre que he creado.
No puedo derramar entre las almas,
El roció sagrado de mi Gracia.

Primavera triste / 2022

Ucrania.

Ucrania, el mar negro;
yo lo vi con mis ojos,
en el otoño gris,
de un día de luto.
Yo descubrí en Ucrania
La poesía;
el verso hecho oración,
y una plegaria.
Odessa, Mariupol, Kiev,
y Jarkov,
Donetsk, la Crimea,
el museo Lvavanya.
Ucrania era la vida;
la vida que se pierde
en la agonía.

El lamento sagrado
de la madre,
que le entrega a la Patria
en sacrificio,
el hijo que ama y pierde
entre las sombras.
El trueno de las balas,
los fusiles;
riegan inmensos campos
de barbarie;
y el dolor llega al cielo

entre las almas,
las almas que perecen
con la muerte.
Yo recorrí los suelos
profanados,
por la mente profana
de quien mata;
la esperanza y la vida
en un combate,
que se pierde y que muere
cuando nace.

Ucrania es el dolor
y el sacrificio
de los hijos que parten
y que mueren,
delante del silencio
avergonzado,
frente al cruel holocausto
de los hombres.
La paz, la justicia,
la suplica sedienta
de la tierra,
de la tierra de Ucrania
ensangrentada;
¡Que callen los fusiles
y cañones!
es el grito que nace
con el alba.

Que cese la barbarie
entre los hombres;
que se vista de luz,
la esperanza de Ucrania.

Febrero 27 – 2022

En los días del luto más sagrado,
en que la muerte arrecia entre las sombras: la invasión a
Ucrania

¿Cómo nacen los niños?

¿Cómo nacen los niños?
Nacen de una palabra,
que se dice en la tarde,
cuando las aves cantan.

¿Como nacen los niños?
Nacen de una caricia,
que tiene su raíz
y fragancia escondida.
En rostro de mujer,
que camina serena,
y que irradia belleza,
en una noche fresca.

¿Cono nacen los niños?
Pregunté yo a mi madre;
y su voz en silencio,
me llevó a su regazo.

Tu nacistes un día,
de flores y colores,
que engalanan el cielo.
Nacistes del amor,
del amor puro y tierno;
que concibió mi alma,
y que dio a luz mi cuerpo.

Los niños vienen del cielo,
como aves de colores
que visitan la tierra,
y la llenan de flores.

Ellos son la pureza,
de los cielos muy blancos.
Ellos son la inocencia,
del alma sin pecado.

¿Dónde nacen los niños?
Ellos nacen en campos,
en campos florecidos;
o en desiertos profanos.

Octubre 2018, Tafers

Cuando sonríe un niño.

Cuando un niño sonríe
en la faz de la tierra,
las puertas de los cielos
se abren presurosas;
y un ángel desde el templo,
desciende en el denuedo,
de tocar con sus manos
los labios del infante;
para tomar la risa
y llevarla sagrada,
al altar del Creador
cuando muere la tarde.

Cuando un niño sonríe
dibujando una mueca,
el viento presuroso
se roba la sonrisa,
llevándola hasta el cielo
en forma de alabanza.

Cuando un niño sonríe
aún en la miseria,
las flores delicadas
perfuman con fragancia
los rincones perdidos
de la tierra.

Dejad que jueguen
con su gracia,
dadles todo el amor
que reclama la infancia.

Erlen, abril 2022

¿Dónde está la vida?

¿Dónde está la vida?
En sombras oscuras,
profundos misterios
y vasta penumbra,
de mares inmensos
jamás recorridos,
y viaje perpetuo
hacia el infinito.
La vida del hombre,
que sufre en silencio;
está prisionera en lánguido grito.
La vida del niño,
que juega sonriendo;
se encuentra desnuda,
delante del tiempo.
Y la preciosa vida
de la mujer que ama,
viaja en el espacio
del llanto perdido.

¿Dónde está la vida,
del hombre que sueña,
con vestir el alma,
de bellos designios?
Ella está en el cielo,
vestida de lino,
está en la grandeza
del Dios infinito.

Friburg, Suiza.
Diciembre 2019

El Alba

El alba despierta
con ojos serenos;
un manto de luz
desnuda el misterio.
Y llama al roció
que baja del cielo,
a bañar la tierra,
con sed y sufrimiento.
¡El roció, el roció!
Limpia el alma sedienta,
 la cubre de amor
cuando vive apenas.
Las aves con trinos
en lenguaje sacro,
cantan la oración
en verso sagrado.

Llevan en sus alas
el aire de otoño,
y mueven el viento
en sublime vuelo,
entregando a Dios
el más bello verso.
El alba, la mañana,
las campiñas que cantan,
los lirios y las flores,
ataviados de gala;
ofrecen perfume,
candor y la gracia.
El alba despierta
toda limpia y clara,
con rostro de niña
inocente y santa.

Y habla en su lenguaje
lleno de esperanzas,
en fiel oración
que viaja en el alba,
y que llega a Dios
vestida de Gracia.

Erlen, octubre 9- 2021

El amor.

A pesar de las cadenas
que mi alma sufre,
el amor nunca estará
prisionero.
El amor viajará
por todos los confines,
y llegará a tiempo;
para fecundar
en lo infinito,
y llenarte de aliento.
Descansará,
en los perdidos desiertos,
de la orfandad
y del hambre;
pero el amor
seguirá su viaje
hasta encontrarte.

Erlen, 16.10.2021

El rostro de mi madre

Hoy vi el rostro De mi madre,
vestido de luz serena y limpia,
más puro que el alba
en la mañana,
cuando nace la flor
al mediodía.

Hoy yo vi la pureza
de sus ojos,
esculpidos en el manto
sagrado de la tarde,
cuando las aves trinan
en el campo;
en el canto sublime,
diáfano y santo.

El rostro de mi madre
fecunda la experiencia,
de mañanas y tardes
honrando el sacrifico;
ella lleva en su pelo
una diadema,
un diamante sagrado
hecho poema.
Cuando miro a mi madre
llena de Gracia,
yo converso con Dios
a través de sus ojos,
y llego en oración
hasta los cielos,
llevando una plegaria
esculpida en un verso.
El alma de mi madre
viaja fecunda,
en el lindero sacro
de la obediencia.

En sus labios ancianos,
existe una alabanza,
es un canto sagrado,
que en los cielos adora,
al que hizo la tierra, los mares
y las sombras.

Los ojos de mi madre,
tiernos y cristalinos,
como océano que viaja
mansamente,
por el confín profundo
del misterio,
y construyen historias
 en los puertos.
Tus ojos son la luz
que me acompaña,
por el sendero tenue
de la vida.

Abril 2021, Erlen

El amor

El Amor se esconde,
a veces, en una palabra;
se hace invisible a los gestos,
porque teme que lo ultrajen.

El amor llega ataviado
de perfumes embriagantes,
al alma de los mortales.
Llega en silencio cuando calla el alma,
y cuando las fuerzas faltan.
El amor es benigno,
como dice la Biblia;
es paciente en el dolor;
el amor nunca agoniza.
Generoso,
 cuando callan las palabras;
y sabio al responder
con una dulce mirada.

El amor es el don
que desconozco,
pero que vive anclado
(en tu aposento sacro);
el templo de tu cuerpo,
es el altar sagrado,
donde el amor se ofrece
en sacrificio santo.

Friburg, Enero 2019, invierno.

El FMI

El Fondo sigue matando inocentes,
 en el sendero oscuro de la muerte;
que construye a su paso en el camino,
regado por la sangre de los niños.
Aborto del capitalismo,
con forma de mujer
ataviada de odio;
con sonrisa esculpida
en un alma sedienta
de entregar a la muerte
en sacrificio,
el derecho del hombre
desvalido.
El Fondo monetario
mata con saña,
encubierta en teorías
macro-fascistas.

Diagrama los ajustes
y sacrificios,
que sacian la sevicia
del mercado.
Ayer fueron los pueblos
africanos,
que siguen ofreciendo
los muertos necesarios
en el macabro altar
del sacrificio humano.
Privatizar la vida,
cerrar escuelas y hospitales
de los pobres del mundo,
reducir los salarios
de obreros que agonizan,
frente a la bulimia
de un orden asesino.
Hoy es Ecuador, Guatemala
y América sufriente,
que debe presentarse
ante la muerte.

Vestida de mujer
trasnochada y confusa,
el Fondo entrega un poco
de dinero,
a cambio pide sangre
de inocentes.
Es el capitalismo
vestido de doctrina,
de libertad, consumo,
de balances y cifras.
Es cristina la dama de la muerte
que hoy decide pasearse
por el mundo olvidado,
en busca inusitada
de aventuras macabras.
El fondo es un emblema
negro como la muerte,
que cabalga en la noche
trémula indiferente;
y visita a los hombres
en su pobreza,
y les roba el derecho
a alzar la frente.

La justicia divina
no ha dormido,
y mira con horror
esta ignominia,
"hay de vosotros
ricos opresores,
que despojáis al pobre
de su vida;
es de vosotros solos
el derecho,
y el don supremo
de la justicia?" (S. Lucas 6:24 La Biblia)

El alba aclara el horizonte
tenue, y enciende una luz
resplandeciente,
vestida de justicia y regocijo,
desciende de los cielos
a buscarte,
para darte a beber
en tu cáliz inmundo
el fruto del castigo
por cada muerto.

Fribourg, Julio 2019

¡Flores inertes!

Cuantas flores inertes y sagradas,
sin colores, sin roció
que perfuman su esencia,
están hoy arrancadas,
violentadas de la savia y la belleza.
Cuanta inocencia en el mundo mancillada,
con el escarnio de la miseria.
Esas flores perpetuas, ¡al fin niños y niñas!
Formas sagradas que nacen con el alba
en la mañana,
y, que en la tarde oscura
llevan pausadas,
el dolor y la desgracia.
La calle habla
con denuncia despierta;
y el hosco laberinto
de los mortales,
encubre en sus vestidos
la indiferencia.

Pequeños cuerpos perdidos,
muertos de sed y de miseria;
hambre de amor,
que no se compra,
juego sagrado que se anhela.
Niños del mundo,
de la calle,
de los confines desiertos
de mi mente.
Niños que sufren
en silencio,
el huérfano dolor
que los condena.

Otoño 2022

La libertad

La libertad nace
vestida de blanco,
en el cáliz sagrado
del amor que germina,
candoroso e inmáculo.
Ella llega a la cita solemne
de todos los humanos.
ataviada de sueños,
y de llanto.
La libertad verdadera,
tiene un vínculo santo,
ella es la prisionera,
de los actos humanos;
del bien, de la justicia,
de la paz hecha canto;
en el alma que viaja,
por el inmenso océano,
de todas las virtudes,
y desiertos profanos

La memoria

En la memoria se pueden reconstruir
esas figuras perdidas por los años;
se puede dar formas y colores,
a siluetas, que se guardan en el alma
como experiencias sagradas.
La memoria es ese cofre infinito,
que viaja siempre
en los inmensos raudales del océano;
del océano del alma, ataviada de sueños.
En ella, en esa memoria
que mi alma alimenta,
naces tú, en cada aurora,
y te visto de los más bellos colores
en la luz de tu mirada.

En mi memoria siempre existes,
en ella, tú siempre viajas;
como bálsamo fragante,
que, en el dolor de la vida,
consuela mi alma.

Ah, la memoria y tu recuerdo,
son amantes de los tiempos,
son amigos que se funden
en coloquios tan eternos;
como el bálsamo a la rosa,
como la lluvia al invierno.

Noviembre 16-2021, Erlen

La muerte

¡Mi padre no temía a la muerte!
La esperaba en silencio,
durante el sufrimiento
que golpeaba su cuerpo.
La saludó con palabras ausentes,
cuando esta se presenta en la puerta
de su alma.

- Aquí estoy, para el encuentro terreno
con todos los mortales.

- No tienes morada en mi alma - respondió
mi padre.

- Sé que vienes de repente a arrebatar,
el preciado tesoro de los hombres.

La muerte osada exclama en arrogancia:

- Vengo de las tinieblas más densas,
a llenarte de escarnio y de vergüenza.

Mi padre, el anciano de días, cansado y
moribundo,

expresa una sentencia gloriosa:

- No tienes libertad, ni justicia, ni amor en
tus designios.

En mí mora el espíritu del que creó la vida,
y la devuelve después de tu osadía.
- Cristo te ha derrotado en el calvario
cruento de Judea,
y levanta en victoria un nuevo día;
para todo el que cree y tiene hambre,
hambre de la verdad y la justicia.

Erlen, 27.12.2021

La mujer

La ausencia de la mujer
en la vida del hombre,
la más nefasta carencia
de todos los vacíos,
que lleva el alma.
El huérfano, a quien le falta
el verso silencioso,
de la madre en la infancia.
El joven, privado de construir
en su alma
la ilusión del amor primero;
esculpido en la fragante flor,
en la tierna mocedad
de su experiencia.

El hombre adulto,
abandonado, en la infame
peste del desamor,
o el infortunio de la separación;
que llega cada día acompañada,
de sombras y recuerdos silenciosos,
que empujan con malicia,
al infeliz suicidio de la soledad.
El viejo de años,
abandonado en la fosa oscura,
de la indiferencia;
porque ya no hace falta;
porque solo es una sombra,
que aguarda la muerte
cada día,
esperando el momento de triunfar
en su cuerpo de agonía.

La mujer, ese cáliz sagrado
que bebemos,
en el altar fecundo del amor;
se lleva como alma en el camino,
se pierde como huella en el océano.

La mujer es carne de la carne,
en cada hombre;
es espíritu y alma
en el que ama;
y también es la sombra
que castiga,
cuando muere el amor
sin esperanzas.

Abril -2022, Erlen CH

La pobreza.

La pobreza es lenguaje profano
en todos los credos;
lleva el alma del hombre
a prisiones mortales.
La pobreza construye cementerios oscuros,
de víctimas lejanas, ausentes de la vida.
El hambre, la violencia, los códigos profanos;
penetran en las almas débiles, moribundas;
se embriaga del que cae,
en medio del desierto de la vida,
llevándolo cautivo a la mazmorra oscura,
de la savia invisible,
de la muerte fecunda.

La pobreza es el hombre,
cansado y abatido;
llevado en las corrientes
dantescas de injusticias.

La pobreza es el mar inmenso
que aprisiona,
la fértil esperanza
que muere en cada gota.
La gota del dolor,
de sueños que agonizan,
cuando nacen del alma
generosa y sedienta;
y mueren al nacer
de todas las desdichas.
La pobreza es un mundo creado
entre los hombres,
por "sabias" academias
y cerebros deformes;
ella tiene una forma de silueta,
funesta y moribunda
en medio de la vida.

Erlen, abril 2022

La poesía.

La poesía es como un niño cuando nace, todo puro, transparente, inocente y santo. Llega como luz, en medio de un mundo oscuro; la poesía nace en el alma limpia de todos los afanes y los sueños sagrados de la existencia. Ella viste de blanco como nube en verano; tiene silueta de mujer serena y tierna, que conmueve y embelesa. Ella nace en los sueños más puros que el hombre crea, ella tiene un crepúsculo solemne, de amor inocente, de eternas caricias, que toman su forma en el altar sagrado de la ilusión más tierna.

La poesía es el arte de vivir un momento, eterno de existencia; de viajar extasiado en mil maneras; todas ellas de un misterio épico y valeroso; capaz de revelar al mundo, el camino y la luz de un día de gloria. Nadie nace poeta, el poeta se construye a cada instante, en caminos de lluvia y de esperanzas lejanas; en amores abstractos e invisibles, en caminos con huellas otoñales. La poesía es un arte, que le otorga belleza a todas las acciones, aun las más fugaces y las más sublimes.

La vida es verso

El presente, la historia del progreso humano,
se enciende como fuego,
que inflama el alma inquieta;
pusilánime el infortunio de la vida intensa.
¿Qué es el progreso Inventado en las almas?
Son fecundos espacios, de anchas avenidas,
por las que el hombre transita;
anegado de hambre, en medio de abundancia.
El desarrollo es la idea ilusoria de poseer la tierra,
y colmarla de llamas, que veneran las ansias;
las ansias de matar, a quien no se ama;
o de robarle el pan, la vida, y tal vez la esperanza.
El futuro camina detrás del hombre,
con su adarga extendida en fiel dictamen,
llevándolo al abismo de todas las desdichas,
en la ilusión profana del que triunfa en la tierra,
y al final de sus días, pierde su alma.

Sept. 2021

Los niños.

Los niños que mueren cada día,
en inmensos océanos de inocencia;
tragados por las ansias mezquinas,
del hambre, la muerte y la indiferencia.
Los niños, las risas, los juegos, la inocencia.
los niños que ríen, los niños que juegan;
el candor galopa, con sonrisa abierta,
mientras en sus rostros se escribe una mueca.
Los niños que mueren de hambre y miseria,
enlutan la tierra, la llenan de tristeza.
Ellos tienen hambre, sed, frio que golpea,
sus pequeños cuerpos, sus vidas sedientas.
Nacen en la mañana
sin infancia llena,
mueren en la tarde, de dolor y afrenta.

Mamá Herminia

A mi madre la llamo.
Desde su santo nombre;
A mi madre la veo
esculpida en mil formas,
en nubes, en colores,
en flores, en aromas.
Mi madre es la canción
que entona el pajarillo
y que el alba despierta.
Delicada y serena;
ella es el manantial
que sacia cada día
la sed de la justicia
que anhela el alma mía.
Mi madre es como un cántaro
lleno de bálsamo fresco,
que riega, que transforma,
que germina mi vida.

¡Mi vida en el misterio!
Mi madre es canto,
es suplica, es ruego.
Mi madre es la flor
que nace cada día
en el jardín sublime
del canto, la poesía.

Tafers, Septiembre 30 - 2021

Mirar a un niño.

Es hermoso mirar jugar a un niño,
con sus juegos sagrados,
descubiertos en su alma
lozana y tierna.
Es hermoso mirar el llanto derramado,
en el rostro del niño,
 abrazado por su madre,
en el coloquio santo de la pureza.
Es muy tierno despertar en el alba,
y mirar en el cielo
la grandeza del niño,
esculpida en las nubes,
diseñadas por Dios en primavera.
Pero es también infame y cruento,
es doloroso instante, observar en silencio,
cuando un niño de solo cinco años,
llora de hambre en la pobreza.
Sin poder dormir por el hambre,
que lo mata en mil maneras.

Es también muestra de oprobio,
mirar con indiferencia,
como el mundo es convertido,
¡En abundancia y miseria!

30 Sept. 2021

Obrero del mundo.

Comprar, consumir;
llenar de fantasías,
de placeres minúsculos,
que embriagan los sentidos
profanos de los hombres.
Llenar las puertas
de todos los mercados,
es construir tragedias
que ignoramos.
Insensibles al alma y al espíritu
que vela taciturno,
en el cuarto profundo
de la razón humana.
Bienes y mercancías,
secuencias del pudor
y la energía;
de manos invisibles
que trabajan,
dejando en cada obra
la gracia y la armonía.

Salarios miserables
que engendran toda afrenta;
esfuerzos dilatados
en jornadas intensas.
El obrero, al fin…
es un recurso,
humillado y herido
del infortunio.
Es la fuerza del hombre,
que se comercia,
en el banal mercado
de la opulencia.
Hombres, niños y mujeres
que pasan hambre,
el hambre de justicia
que es insaciable.
Obrero de la calle
y del mercado,
llevado por la vida
cual mercancía.

Sus vidas se terminan
en cada tarde;
su alma prisionera
viaja en el aire;
y lleva la oración
de la ignominia.

28 Sept. 2021

Poema primavera en el pueblo.

En los lánguidos hemisferios de la esperanza, la revolución la hacen los pueblos, pero los frutos son parte de la quimera. Los pueblos están ausentes de todas las primaveras.

A que esperar una nueva construcción del horizonte, si las nubes oscuras del desprecio, ¿viajan solas sin la brújula del hombre?

El pueblo, el hombre, la esperanza de los que más sufren y gimen en los valles inmensos de la fantasía, que construye el dialecto de la información, preñada de mentira y el cinismo que identifican todas las barbaries del presente.

Tenemos el derecho a todo, a pensar y a vivir en esa utopía que se desangra en cada primavera, que nos regala flores y colores perfumados; pero que no existe para los millones de esclavos que colman las cárceles y los tugurios oscuros construidos por el hambre.

Hemos nacido un día cualquiera, sin la majestad de la vida, sin la luz que baña el alma, predestinada para los disfrutes y el gozo de la existencia. Pero al fin hemos nacido en el alba más sagrada de la retentiva divina; en ella se recrean todas nuestras ansias y los orígenes de aquello que viste el alma. Ese pequeño trozo de pan divino llamado fe, esperanza o sacrificio, en una cruz regada de afrenta y de los mayores dolores; es el misterio y es la suave fragancia que nos impulsa a vivir, bañados de una nueva primavera.

Octubre 2022, Erlen

¡Quisiera despertar…!

Quisiera despertar un día,
después de la pandemia,
lúgubre
que visita el mundo,
enlutado y perdido,
desafiante, moribundo.

Quisiera despertar
al alba de las nubes,
y cantos florecidos,
en medio de valientes
sinfonías;
construidas solemnes,
en el altar sagrado,
del corazón del hombre.

Quisiera despertar
y verte
florecida en claros manantiales,
de mañana serena;
fresca y tierna,
como el Lirio que brota
entre mis quimeras.

Quisiera abrir mis ojos,
y viajar en la aurora,
diáfana y cristalina
de la sonrisa tierna
de mi madre.

Que pasare el dolor
empujado de vientos,
por raudales perdidos,
e inhóspitos parajes;
y que el Alba suprema
de la justicia,
brillara por la tarde.

Quisiera despertar
después de cada verso,
y construir callado
con mis labios,
el sacro grito
de justicia en la tierra.
Y ver a mis hermanos, levantarse,
con sus cuerpos cubiertos,
de follajes y cantos.
De follajes que hilvanan
esperanza y belleza,
renacida en el hombre,
en el cielo y la tierra.

Quisiera ver al niño,
de todos los confines
jugar, reír, hablar
con las gaviotas;
con las aves del cielo,
construyendo en sus almas
inocentes,
la paz que va muriendo,
en campos y ciudades.

Yo sueño aún,
construir utopías
de mujeres valientes,
que aún en el dolor
no se doblegan;
porque están esculpidas
en el mármol y la gracia,
en la mirra fragante
del amor que embelesa.

Quiero mirar un día
tu rostro iluminado,
de gracia y armonía,
y los destellos tiernos
de tus ojos,
que iluminan mi alma
cada día.

Y que surcan océanos;
Océanos de carencia y sacrificios;
crepúsculos que riegan
con sus sombras,
la esperanza que nace
al nuevo día.

Guayaquil, abril 2020.

En los días más aciagos de la pandemia que enluta la
tierra.

Quisiera encontrarte

Quisiera encontrarte un día,
un día de invierno;
con lluvia serena,
con tu cuerpo ataviado
de colores y nardos;
y llevarte en mis manos,
al fragante misterio
del amor prisionero.
Quisiera un día de otoño
acariciar tu alma,
con las suaves palabras
que desprenden mis versos.
No sé dónde tu existes,
tal vez solo en mi mente,
de frágil forastero.
Quizás vives dormida,
en el altar sublime,
de mis tiernas caricias,
creadas en mi alma,
 sin apenas sentirlo.

Yo anhelo tus palabras,
como el lirio al verano;
y la infancia los sueños,
del despertar sagrado.
Yo anhelo tus caricias,
dormidas en mi mente,
que viajan cada día,
en el mar insondable,
de las ansias de amarte.

Musterlingen, Suiza
3 de agosto. 2022,

Tarde sombría

Es la tarde
Que visita sombría,
mustia y recóndita
en su lenguaje quedo.

Es la sombra del recuerdo
de tus manos,
acariciando el pétalo sagrado,
del tierno amor primero.

Yo viajo en tu mirada
cada día,
presente y lejana,
como el alba que
nace en mil colores;
a veces pálida
cuando el dolor embriaga,
y otras brillantes
cuando te veo en las flores.

Octubre 2021, Erlen

Travesía del hombre.

Hay vivencias cotidianas,
que hoy ya no penetran
en el alma humana;
que se pierden
en las secuencias del tiempo;
que se ahogan
al fragor de las rupturas
del alma.
Hay imágenes muy cruentas
que nacen cada mañana,
en los fríos aposentos
del hambre y sed insaciadas.
Yo veo en esos misterios,
al hombre sin esperanzas;
yo veo en esas vivencias,
náufragos de la miseria,
en océanos de desgracias.

Los migrantes en pateras,
en piraguas y en barcazas,
huyendo desesperados,
por las rutas profanadas;
se pierden en los océanos,
y el desierto los desgarra.
Al otro lado del mundo,
nace un niño en la abundancia,
convertido en un adulto,
y asesinando su infancia;
con imágenes y juegos,
que el alma y la mente
arrancan;
se destruye la esperanza,
en el germen
de la infancia.
Mientras otros, en tugurios
y cementerios perdidos,
viven en los basureros,
recogiendo desperdicios.

Sin escuelas,
sin juguetes,
sin pan, ternura ni abrigo.
Es el mundo del mercado,
de los números que viven,
y se expanden cuando mueren,
en el frenético grito,
de las bolsas,
de los trakers,
de la ambición enfermiza;
que traspasa los cimientos
de la razón infinita.
Ella mata y asesina,
con licencia y con derecho;
el derecho del que tiene
entre sus manos la vida,
del misero campesino,
del obrero y el peregrino.

Kreuzlingen -Suisse 3.12.2020

Un sueño

Ayer yo tuve un sueño
cuando la noche
viaja taciturna.
El sueño fue un mensaje
de voces en las sombras;
construidas en mares,
en mares de dolor
y de agonía.
De seres diseñados
a la imagen de Dios,
que en sus sueños morían,
como cuerpos perdidos,
lanzados al vacío,
de todos los abismos.
Eran pueblos sedientos
de pan y de agua fresca;
eran niños sin rostro,
que morían en la tierra.

Hombres esclavizados,
con profundas cadenas,
sin libertad ni sueños;
sin pan, sin agua fresca.
Invisibles del mundo,
hijos de la miseria.
Ayer yo tuve un sueño,
que viaja por mis venas,
que recorre mi alma,
y que enciende una hoguera.
Son los sueños profanos
de mi vida sedienta,
que anhela ver la luz,
en medio de la vida.

Otoño, 2021

Verso de dolor

Que pensaran los niños
que huyen del holocausto;
cuando miran los cielos
teñidos de la sangre y del fuego,
que suben en sublime eco
reclamando justicia?
Cuando miran los campos
bañados de terror,
por el designio cruel
del cerebro humano.
¿Es el hombre aún hombre;
tiene alma y razón
que cuestione sus actos?
¿O acaso perdió para siempre
el rasgo de humanidad
que labra su grandeza?
El alba nace oscura,
como profunda sombra,
que anuncia nuevos sacrificios,
en medio de los hombres.

La guerra, el lenguaje más obsceno
de las almas más viles y profanas.
Ella viene cubierta
con atuendo funesto,
de cañones, de balas.
Se sienta en cruentos aposentos,
y levantando
el emblema de la muerte,
¡la guerra mata!
Lleva en sí
la profecía del dolor,
y destruye la esperanza;
se alimenta del odio, de la venganza.
No es de los hombres la guerra;
aborto de los infiernos más densos y profanos,
ella es la sombra fiel
de las peores miserias.

Otoño 2022 Erlen

Soledad

«La soledad es una forma de suicidio"
dijo un poeta.
Llama a los actos más desdichados,
el alma se confronta en oscuros delirios;
escarba en los agudos parajes de la muerte,
llega desconocida en umbrales inertes.
En tardes otoñales te he visto pasar,
oscura centinela del sufrimiento;
vestida con atuendo funesto;
engendras un fruto tan amargo,
como el pálido rostro del destino.
No hubo quien atendiera
el llamado fecundo,
de los ruegos del alma en cautiverio;
ni quien, en oración reverente,
elevara su voz hasta los cielos;
cuando las ansias de vivir
corrieron como aguas.

Manantiales sagrados de las almas,
la vida se detiene taciturna,
sin alcanzar a vaciar en sacro vaso,
los deseos sagrados y el fruto de los sueños.
Soledad es el nombre de las sombras,
de recuerdos oscuros
que en el alma sedienta toma forma;
de coloquio vacío; de mar, de tempestad desfi-
gurada;
imagen de Minerva en todos los abismos;
ella vive escondida en noches de misterios,
y aparece solemne en medio de los versos.

Invierno, 24.11.2022
Konstanz.

Injusticia

Yo escribo
en estas páginas vacías
pensamientos nacidos en la noche;
misterios revelados en visiones,
verdades escondidas a los hombres.

No se puede encerrar
la verdad en una cárcel,
ni callar la justicia con violencia.
Es más fuerte el alma que resiste,
y los labios abiertos que denuncian.

Gime el dolor humano,
con vileza arrancado,
de las entrañas del débil;
de quien solo alimenta
la esperanza impotente.
Y se pierde en los abismos,
agresivos de quien hiere.

Las luces intermitentes
de la razón, la conciencia,
no han dejado de encenderse
ante un mundo de violencia.
Viaja el hombre en los designios,
del destino hecho vergüenza,
y penetra en su plegaria
en los cielos y en la tierra.

Otoño 2022 Erlen

A Max Keller

He visto su rostro ayer,
brillante como la aureola,
en santidad y esperanza.
Voz cansada por el tiempo,
pero al fin voz de profeta;
del sabio de días
que cuenta la historia,
la historia del Cristo en agonía.
¡Max, Dios visita hoy tu alma!
Tu alma limpia como el alba,
que muere en la noche
cuando el sol descansa;
y despierta sonriente
a la luz de la mañana.
¡Max, hoy Dios te llama!
Llama a tu puerta, llena de Gracia;
quiere abrazarte, tocar tu alma,
en el carruaje de la esperanza.

Tus ojos claros, anciano de días,
colman la esencia de Dios
en la tierra.
Tu voz pausada, clara y serena,
entona el verso de los poetas;
y habla de Dios la profecía;
y enseña al hombre,
 la real belleza.

En memoria de Max Keller, mi amigo anciano de 93 años,
que un día fue a los cielos, llamado por Jesús a quien
amaba.

Octubre /2021, Erlen, Suiza

La muerte.

No tengo miedo de la eterna noche,
que llega de repente en el carruaje oscuro,
de los dolores santos y sagrados.
La lampara escondida,
de la vida fecunda
se apaga de repente,
ahogada por la muerte.
El alma viaja lejos,
en misterios profundos,
y se pierde en el aire,
navegando en el eco.
¡El eco! es la palabra, son oraciones
y suplicas sagradas,
hilvanadas en lágrimas;
estrofas peregrinas,
de hombres y mujeres,
náufragos del desierto.
La muerte es una gota infinita
que traspasa los confines
sagrados de la vida.

El hombre adormecido,
bebe el trago profano
en ausencia del alma;
desciende entre las sombras
oscuras de esa noche infinita,
que en medio del silencio viaja.
La muerte es un misterio
aún no descifrado,
que vive agazapada,
en busca del martirio.
No temas su designio,
el misterio descubre
en bella profecía,
el triunfo imperecedero de la vida.
El Dios de los mortales
llega paciente,
y construye en silencio
las vidas que se pierden.

Invierno 2022 Erlen

Esperanza

La esperanza, el amor, la verdad;
la justicia que buscamos
 mientras se apaga el día.
¿El día? Es nuestra vida hecha formas,
y diseños perdidos en la hoguera;
de las ansias y gotas escondidas.
El amor escapa y muere,
en una tumba fría, inhóspita,
de las galantes frases que no nacen
porque no existen,
en el alma del hombre.
¡Cabalga en un corcel oscuro
tu mirada!
efímera como una nube errante,
que se pierde en la lluvia;
allí te veo y detengo tu viaje,
con mi suave caricia;
de cuerpo enamorado;
de un alma que no entiende
los designios humanos.

Escapas siempre, al pincel de mis palabras,
y corres presurosa a funestos océanos,
de apariencias mezquinas.
¿Dónde vive la verdad?
¿Dónde el amor reposa?
¿Dónde bebe el alma, el agua fresca?
Creo que se refugia,
en el alma que ama,
sin esperar respuesta,
ni una ardiente mirada.

Creo que ella descansa,
en parajes sagrados,
que el hombre desconoce,
y a veces niega y rompe.
La verdad resucita
en cada bella aurora
que diseñan tus labios,
frágil como la rosa,
que se baña en roció
y perfuma mi vida.

Diciembre 2022, Erlen

¿Qué depara la vida? (reflexión)

A veces, casi siempre,
desafíos llenos de sacrificios;
capaces de sumergirnos en océanos inmensos
de dudas y especulaciones. En el mundo actual,
el que nos corresponde habitar y alimentar cada día,
el hombre es solo una pieza del juego perpetuo de los algoritmos sistémicos, entrelazados con la ciencia y el poder. El hombre dejó su espacio sagrado de constructor y arquetipo de los más nobles enunciados de sacrificios comunes, para descender al estado lúgubre de recolector de todos los desechos que la codicia y las ambiciones fabrican, en lo que hemos tenido la arrogancia de conceptuar como desarrollo. En el pináculo de su grandeza, el desarrollo moderno construye los peores holocaustos, que los dioses paganos pueden demandar.

Berlín

Yo visité Berlín en el verano;
un verano de sueños
e ilusiones.
Estoy trémulo en la tarde
frente al Muro,
el muro que no existe,
entre los hombres.
Encontré mil estrofas
escritas en las calles,
de himnos y canciones
desconocidas.
Y viaje por Berlín
entre mis sueños,
recorriendo avenidas,
construyendo mis versos.
Polmardplatz, Friedrchstrasse,
El café Bundesrat,
La catedral antigua,
y el jardín de los Reyes.

Yo quise conocerte,
en el profundo aroma
de la tarde;
en medio de los trenes
y tranvías.
De inmensos mares,
de hombres y mujeres,
que construyen al alba
un nuevo día.
Berlín, es parte
de mis sueños;
de mis sueños de ayer
y del presente;
que nacen de repente
algunas veces,
en medio de crepúsculos
y flores.

Berlín es libertad,
es luz que resplandece,
como nardo fragante
entre las flores;
escribiendo la historia
cada día,
con la pluma del alma
en cada hombre.

Berlín, Agosto 2019

Índice